reinhardt

Claudia Schäfer

Mit Fremden chatten?

Schutz vor übergriffigen Onlinekontakten

In Einfacher Sprache

Mit Illustrationen von Beata Zurawska

Mit Fragen zum Text
und Informationen zum Download

Ernst Reinhardt Verlag München

Claudia Schäfer, Untermünkheim bei Schwäbisch Hall, ist Lehrerin an einem Sonderpädagogischen Bildungs- und Beratungszentrum und arbeitet dort mit Jugendlichen. Sie ist Autorin und Übersetzerin für Leichte und Einfache Sprache.

Bibliografische Information der Deutschen Nationalbibliothek

Die Deutsche Nationalbibliothek verzeichnet diese Publikation in der Deutschen Nationalbibliografie; detaillierte bibliografische Daten sind im Internet über <http://dnb.d-nb.de> abrufbar.
ISBN 978-3-497-03078-1 (Print)
ISBN 978-3-497-61667-1 (PDF-E-Book)
ISBN 978-3-497-61668-8 (EPUB)

Printed in EU
Covermotiv: © Beata Zurawska
Satz: ew print & medien service gmbh

Ernst Reinhardt Verlag, Kemnatenstr. 46, D-80639 München
Net: www.reinhardt-verlag.de E-Mail: info@reinhardt-verlag.de

Inhalt

Im Buch ist manchmal ein* hinter einem Wort.
Es bedeutet: Das Wort ist schwierig.
Deshalb wird es im Wörter-Buch nochmal erklärt.
Du findest das Wörter-Buch auf Seite 75.

Kapitel 1: Das bin ich

Selene.
So ein schöner Name.
Ich liebe diesen Namen.
Selene.
Selene bedeutet:
Die Göttin des Mondes.
Wie schön ist das denn?

Selene.
So heißt meine Lieblings-Sängerin.
Sie singt so coole Sachen wie:
„Du sagst: Ich halte dich fest.
Doch dann lässt du mich los.
Du bist für mich die Pest.
Mein Schmerz ist riesen-groß."
Was für ein toller Text!
Selene und ihr Freund.
Mit dem sie dann einfach Schluss macht.
Weil er **nicht** gut für sie war.
Ich hatte noch **nie** einen Freund.

Selene heißt aber auch der dicke Labrador meiner Nachbarn.
Dick und schwarz.
Und den ganzen Tag auf der Suche nach Fressen.
Selene ist trotzdem ein schöner Name.
Ein perfekter Name.

„Phi."
„Phi!"
„SOPHIE!"
Die Stimme meiner Mutter reißt mich aus meinem Tag-Traum.
„Was ist denn?", rufe ich zurück.
Bin leicht genervt von meiner Mutter.
„Komm zum Essen!", ruft sie.
„Ich habe **keinen** Hunger!", schreie ich durch meine Zimmer-Tür.
„Phi, du weißt, wir essen immer zusammen.
Komm jetzt runter!"
Meine Mutter.
Sie besteht darauf, dass wir zusammen essen.
Meine kleine Schwester, meine Mutter und ich.
So ist das jeden Tag.
Und meine Mutter nervt so lange, bis ich runterkomme.
Keine Chance, denke ich.
Und stehe auf.

Eigentlich heiße ich Sophie.
Ich hasse diesen Namen!
SOPHIE.
Wie sich das schon anhört!

„Sophie ist ein schöner Name“, sagt meine Mutter.
„Deine Großmutter hat Sophie geheißen.
Und Töchter bekommen oft dieselben Namen wie ihre Großmütter.“

Der Name Sophie hat auch eine schöne Bedeutung.
Er bedeutet: Weisheit.
So viele Mädchen in meiner Schule heißen Sophie!
Oder Marie.
Oder Julia.
Ich möchte lieber einen besonderen Namen haben.
Einen ausgefallenen Namen, den nur wenige Menschen haben.
Ich möchte lieber Selene heißen.
Oder Emilia.
Aurelia.
Cleo.
Kaia.
Elea.
Liora.
Mila.
Ruby.
Fiona.
Frida.
Alles außer Sophie.
Am liebsten eben Selene.
Meine Mutter ruft mich meistens Sophie.
Meine Freunde sagen Phi.
Blöde Leute sagen Sop.
Das hasse ich noch mehr als Sophie.

Ich wohne in Berlin.

Aber **nicht** im coolen Prenzlauer Berg*.
Auch **nicht** in Berlin-Mitte.
Ich wohne in Neukölln*.
In einem hässlichen ur-alten Hoch-Haus
mit vielen anderen Menschen.
Wir wohnen schon lange da.
Meine Mutter, meine kleine Schwester Sina und ich.
Ich habe noch eine Schwester.
Meike.
Sie ist vor zwei Jahren ausgezogen.
„Ich halte es hier nicht mehr aus", sagte sie.
„Ich will eine Ausbildung machen.
Und nicht hier sitzen und auf meine kleinen
Schwestern aufpassen."
Und weg war sie.
Ich war sehr traurig.

Meike ist mein Vorbild!
Ich würde gerne wie Meike sein.
Sie ist so hübsch!
Ich mag ihre langen und weichen Haare.
Sie hat immer coole Klamotten an.
Die kosten natürlich viel Geld.
Aber dafür arbeitet Meike samstags in einem
Supermarkt.
Dort räumt sie die Regale ein.

Eines Tages kommt Meike zu mir.
Sie schaut traurig aus.
„Was ist los, Meike?
Geht es dir **nicht** gut?", frage ich.
„Es tut mir leid, Phi.

Aber ich muss hier raus.
Ich will etwas erleben.
und **nicht** nur daheim sitzen.
Ich will die Welt kennenlernen.
Neue Menschen treffen.
Neue Dinge sehen.
Dazu muss ich leider weg von hier, Phi.
Es tut mir leid!
Aber du kannst mich ja immer besuchen kommen.
Das machst du, Phi, okay?“
Meike hat Tränen in den Augen.
Ich war sauer!
Und sehr, sehr traurig.
Und beleidigt mit Meike war ich auch!

Meike, die Coole.
Meike mit den vielen Freundinnen.
Und einen Freund hat sie jetzt auch noch.
Marco heißt er.
Er sieht total super aus!
Marco hat viele Muskeln und auch lange Haare.
Einmal haben Meike und Marco uns besucht.
Aber es hat nur eine Stunde gedauert
und Meike und meine Mutter haben sich wieder gestritten.

Ich habe Meike **nie** besucht.
Ich bin immer noch sauer.
Und traurig, dass sie weg ist.
Manchmal ruft Meike an.
Danach muss ich immer heulen!
Sie fehlt mir so sehr!

Wenn ich ein Problem hatte, konnte ich immer zu ihr kommen.
Meike hatte immer einen Plan!

Meike ist zu ihrem Vater gezogen.
Nach Prenzlauer Berg.
Er ist Arzt.
Meine Mutter hat früher bei ihm gearbeitet.
Aber sie haben **nie** zusammen gelebt.

Meinen Vater kenne ich **nicht**.
Er ist schon abgehauen, bevor ich auf die Welt gekommen bin.
Er hat mich **nie** gesehen.
Und er wollte **nicht** einmal ein Foto von mir haben.
Dabei war ich ein süßes Baby.

Sinas Vater kenne ich.
Er hat mal ein Jahr mit uns gelebt.
Meine Mutter und er haben ständig gestritten.
Und Sina hat dauernd geheult.
Und ich habe mich in meinem Zimmer eingeschlossen.
Dann war auch er wieder weg.

Wir haben wenig Geld.
Eigentlich ist meine Mutter Arzt-Helferin von Beruf.
Aber sie kann am Tag **nicht** arbeiten.
Sonst wäre meine kleine Schwester Sina alleine.
Die Kita* können wir uns **nicht** leisten.
Also muss meine Mutter in der Nacht putzen gehen.
In der Nacht bin ich ja da, falls Sina einmal wach wird.
Manchmal hat Sina nämlich Alb-Träume*.

Dann wacht sie auf und weint.
Ich gehe dann in Sinas Zimmer und lege mich zu ihr ins Bett.
So kann Sina schnell wieder einschlafen.
Sie ist ja auch erst 5 Jahre alt, meine kleine Schwester Sina.

Ich will mir ein Handy kaufen.
Ich spare schon lange mein Taschengeld.
300 Euro habe ich schon zusammen.
300 Euro sind eine Menge Geld.
Mit einem Handy könnte ich mit Meike chatten*.
Das ist viel einfacher als telefonieren.
Und vor allem viel cooler!
Und Meike merkt **nicht**, wenn ich heulen muss.
Und ich könnte mal ein lustiges Video schicken.
Oder ein Foto von etwas, das mir gefällt!

„Ich kaufe mir ein Handy von meinem gesparten Geld“, sage ich.
„Du sparst auf den Führer-Schein“, sagt meine Mutter.
„Spinnst du?“, sage ich.
„Wir haben ja **nicht** einmal ein Auto!
Ich will ein Handy!
Alle haben ein Handy!“
„Sophie!
Nicht in diesem Ton!
Ich bin deine Mutter“, sagt meine Mutter.
„Alle sparen Geld für den Führer-Schein,
denn der ist sehr teuer.
Ich kann dir das **nicht** bezahlen.

Selbst wenn ich das gerne möchte.
So viel Geld haben wir **nicht**!“
„Dann mache ich eben **keinen** Führer-Schein“,
maule ich.
„Ich lebe jetzt.
Es ist mein Geld.
Und ich will ein Handy!“

Meine Stimme wird immer lauter.
Und meine Stimme wird immer höher.
Gleich muss ich heulen.
Das kenne ich schon.
Ich bin so sauer auf meine Mutter!
Und ich will **nicht** heulen.

Aber ich brauche ein neues Handy!
Mein altes kann gar **nichts**.
Außer telefonieren.
Und SMS* versenden.
Alle haben coole Handys!
Mit coolen Apps* und YouTube* auf dem Start-Bildschirm.
Mit WhatsApp* zum Chatten*
und Games* zum Zocken*.
Mit meinem ur-alten Handy bin ich **nichts**!
Alle in meiner Klasse haben coole Handys.
Nur ich **nicht**!
Mein Handy ist ur-alt.
„Das reicht doch“, sagt meine Mutter.
„Du hast ein Telefon für den Notfall.
Alles andere kannst du mit deinen Freundinnen ja bereden, wenn du sie in der Schule siehst.“

Kapitel 2: Meine Freundinnen

Freundinnen!
Das sagt sich so einfach!
Ich hätte gerne Freundinnen.
Wenigstens eine Freundin.
Aber **keine** kann mich leiden.
Keine redet mit mir.
Ich werde **nicht** gemobbt.
Ich bin einfach unsichtbar für die Mädchen in meiner Klasse.
Als wäre ich gar **nicht** da.
Als würde es mich gar **nicht** geben.
Sie gehen an mir vorbei in die Pause.
Sie lachen und kichern miteinander.

Niemand fragt mich:
„Phi, magst du mitkommen?"
„Wollen wir zusammen draußen abhängen?"
„Was machst du heute Mittag?"
„Wollen wir zusammen auf die Klassen-Arbeit lernen?"
„Kann ich mir mal dein tolles T-Shirt ausleihen?"

„Magst du etwas von meinen Pommes haben?“

Keine spricht mit mir.
Außer, wenn sie mal was von mir brauchen.
„Gib mir mal deinen Radier-Gummi!“
„Schieb mal deine Haus-Aufgaben her.
Ich hatte gestern **keinen** Bock auf Haus-Aufgaben.“
„Gib mal deine Cola! Ich habe Durst!“

Deshalb bleibe ich in der Pause meistens im Klassen-Zimmer.
Zusammen mit den Opfern.
Den Mobbing-Opfern.
Denen geht es noch schlechter als mir.
Die werden richtig fertig gemacht von den anderen.
Aber das tröstet mich auch **nicht** wirklich.
Zuhause mache ich meine Haus-Aufgaben und lerne auf Klassen-Arbeiten.
Ich bin gut in der Schule und lerne leicht.
Deshalb habe ich nachmittags auch immer noch viel Freizeit.

„Geh doch in einen Sport-Verein“, sagt meine Mutter.
Ich habe aber **keine** Lust auf Sport.
„Dann geh zur Jugend-Feuerwehr“, sagt meine Mutter.
Ich habe aber auch **keine** Lust auf Jugend-Feuerwehr.
„Willst du vielleicht ein Musik-Instrument lernen?
Gitarre wäre doch toll“, sagt meine Mutter.
Ich habe aber **keine** Lust auf Gitarre lernen.

Ich höre gerne Musik.
Am liebsten Songs von Selene.
Und ich lese viele Bücher.
Liebes-Romane und Krimis.
Abenteuer-Geschichten und Fantasie-Romane.
Eigentlich lese ich fast alles.

Ich stelle mir dann manchmal vor:
Ich bin jetzt die Frau, in die der tolle Mann verliebt ist.
Oder ich bin die Kommissarin und fange den Verbrecher.
Oder ich bestehe schwierige Abenteuer.
Oder ich treffe fantastische Wesen aus einer anderen Welt.
Es ist schön, mir das auszudenken.
In diesen Geschichten bin ich wichtig.
Jeder spricht mit mir.
Jeder braucht mich.
Ich helfe gerne.
Das ist ein gutes Gefühl.

Doch irgendwann ist das Buch zu Ende gelesen.
Ich mache es zu und lege es weg.
Und ich bin wieder Sophie.
Nicht mehr die Heldin aus meinem Buch.
Das fühlt sich **nicht** gut an.

Ich brauche ein Handy!
Ein neues Handy, das ins Internet kann.
Dann kann ich endlich Freundinnen finden, irgendwo im Internet.

Zum Beispiel in einem Chat*.
Oder in einem Forum*.
In einem Forum* für andere Unsichtbare.
Bestimmt würden die auch gerne jemanden wie mich kennenlernen.
Herzlich willkommen im Club der Unsichtbaren!

Ich würde mich Selene nennen.
(Das ist wichtig:
Nennt **nie** euren richtigen Namen, sagte ein Lehrer.)
Deshalb würde ich mich Selene nennen.
Vorsichtshalber.
Und weil sich Sophie einfach kacke anhört!

Kapitel 3: Mein Traum-Vater

„Phi.“
„Phi!“
„SOPHIE!“
„Was ist denn?“, schreie ich laut.
Ich muss so laut schreien,
denn Selene singt ihr neues Lied.
Frei sein.
So heißt das Lied.
„Ich will frei sein wie ein Vogel.
Fliegen, wohin ich will.“
singt Selene.

„Komm zum Essen und mach endlich die Musik aus!“
Ich gehe.
Keine Chance gegen meine Mutter.
Es gibt mein Lieblings-Essen.
Spaghetti mit vegetarischer Soße.
Ich liebe Spaghetti mit vegetarischer Soße.
„Sag mal, Sophie“, sagt meine Mutter.

Wenn sie das sagt, will sie meistens etwas von mir.
„Stell dir mal vor, du könntest dir einen Traum-Vater wünschen.
Wie würde der sein?"
„Was für eine bekloppte Frage ist das denn?", frage ich.
Ich merke, wie ich langsam rot im Gesicht werde.
Das hasse ich!
Das passiert mir manchmal auch in der Schule.
Zum Beispiel, wenn ich vom Lehrer aufgerufen werde.

„Sag doch mal. Wer wäre für dich der perfekte Vater?"
Meine Mutter lässt **nicht** locker.
„Ist mir doch scheiß-egal!", brülle ich.
Mein ganzes Gesicht ist knallrot und heiß.
„Ich habe **keinen** Vater!
Und ich brauche **keinen** Vater!
Und Hunger habe ich auch **keinen**!"
Ich stehe schnell vom Küchen-Tisch auf.
So schnell, dass mein Stuhl nach hinten umkippt.

„Sophie, bleib doch da.
Ich habe es doch **nicht** böse gemeint.
Komm, setz dich wieder", sagt meine Mutter.
Sina starrt vor sich hin.
Gleich heult sie.
Wie immer, wenn meine Mutter und ich uns streiten.
„Ich habe **keinen** Hunger", sage ich noch einmal.

Dieses Mal aber etwas leiser.
Wegen Sina.
„Ich gehe Haus-Aufgaben machen."

„Willst du **nicht** erst fertig essen?
Es ist doch dein Lieblings-Essen."
Meiner Mutter tut es leid.
Das kann ich an ihrer Stimme hören.
„Ich habe **keinen** Hunger", sage ich ein letztes Mal.
In meinem Zimmer setze ich mich auf mein Bett.
Ich habe Hunger!
Aber ich will **nicht** zurück in die Küche.

Zurück zu der Frage.
Zurück zum Thema Traum-Vater.
Natürlich habe ich einen Traum-Vater!
Jeder Mensch hat das doch, oder?
Ich habe mir schon oft vorgestellt:
Wie schön wäre es, einen Vater zu haben!

Mein Traum-Vater muss **nicht** gut aussehen.
Mir ist es egal, ob er groß ist oder klein.
Ob er dick ist oder dünn.
Ob er einen Bauch hat oder eine Glatze.
Das ist mir ganz egal.
Mein Traum-Vater muss auch **nicht** viel Geld haben.
Aber er hat eine Arbeits-Stelle.
Er geht morgens gut gelaunt aus dem Haus und kommt abends gut gelaunt nach Hause zurück.

Er hat meine Mutter, Sina, Meike und mich lieb.
Mein Traum-Vater hat tolle Ideen.
Zum Beispiel, wo wir ein schönes Picknick machen können.
Oder wie man Steine auf dem Wasser hüpfen lassen kann.
Und er geht mal mit mir ins Kino.
Nur mit mir.
Und wir schauen uns einen spannenden Film an.

Meine Mutter arbeitet wieder als Arzt-Helferin.
Vormittags.
Und geht **nicht** in der Nacht putzen.
Sina geht in die Kita*.
Und Meike schaut sich die Welt an.
Mein Traum-Vater fragt mich:
„Na, Phi-Selene, wie war es in der Schule?"
Er erklärt mir Mathe.
Und singt mit mir Selene-Lieder.
Er tröstet mich, wenn ich traurig bin.
Und macht mir einen Tee, wenn ich Husten habe.
Und lacht mit mir über jeden blöden Witz.
Er hört mir zu.
Er hat Zeit für mich.
Er ist mein Traum-Papa.

Kapitel 4: Überraschung

„Guten Morgen, Phi.
Hast du gut geschlafen?“,
fragt mich meine Mutter.
„Ja“, sage ich.

Nein, denke ich.
Ich habe geweint gestern.
Ich war so traurig.
Ich habe an meinen Traum-Vater gedacht.
Den Traum-Vater, den ich **nie** haben werde.
Ich habe mich in den Schlaf geweint.
Und jetzt sind meine Augen ganz klein und rot.

„Schön, dass du gut geschlafen hast.
Ich habe eine Überraschung für dich“, sagt meine Mutter.
Was kann das sein?
Wieder eine blöde Frage?
„Echt?“, frage ich, „was denn?“
„Tataaaa!“, sagt meine Mutter und holt ein schmales Päckchen aus der Schublade.

„Für dich, mein Schatz.
Für die beste Phi-Tochter der Welt."

Ich nehme das Päckchen und sage danke.
Es fühlt sich gut an.
Nicht ganz leicht, aber auch **nicht** ganz schwer.
Es liegt gut in der Hand.
Fast so wie ...
Ein Handy!
Ich reiße das Geschenk-Papier auf.
Es ist ein Handy!
Ein ziemlich neues sogar.
Nicht das aller-neueste, aber ziemlich neu.

„Danke, Mama!", stottere ich.
„Woher hast du das?
Das kostet doch viel Geld?"
„Von meiner Arbeits-Kollegin", sagt meine Mutter.
„Es hat einen kleinen Sprung im Glas.
Deshalb konnte ich es günstig kaufen."
Sie grinst.
„Gefällt es dir?"
„Na klar!", sage ich.
Ich freue mich so sehr!
„Vielen Dank, Mama!"
„Schon gut.
Dann kannst du dein Geburtstags-Geld ja für den Führer-Schein sparen", sagt meine Mutter.

Ich renne in mein Zimmer.
Was mache ich als Erstes?

Erst mal ein Selfie, denke ich.
Das Handy hat eine super Kamera.
Alles wirkt ganz klar auf dem Bild.
Auch der neue Pickel am Kinn.
Riesen-groß sieht er aus!
Also besser **kein** Selfie mehr.
Was mache ich denn jetzt mit meinem neuen Handy?

Die anderen aus meiner Klasse schreiben sich WhatsApp*-Nachrichten.
Dauernd.
Mit Smileys*.
Sie schreiben sich sogar dann,
wenn sie nebeneinander im Bus sitzen.
Ich weiß **nicht**, wem ich schreiben soll.
Ich habe **keine** einzige Handynummer.
Außer die Nummer meiner Mutter.
Was mache ich denn nur?
So lange habe ich mir ein Handy gewünscht!
Und jetzt weiß ich **nicht**, was ich damit machen soll.

Ich gehe ins Internet.
Ich gebe „Freunde finden in Berlin" ein.
Sofort sehe ich eine Internet-Seite.
Sie sagt mir:

http://www.

Du willst neue Leute kennenlernen?
Du willst Freunde finden?
Dann bist du hier richtig!
In nur zwei Minuten bist du angemeldet.
Und kannst gleich loslegen.
Bist du bereit?

Na klar, denke ich.
Los geht's!

http://www.

Wie willst du heißen?

„Selene", schreibe ich.

http://www.

Benutzer-Name ist schon vergeben. ⓧ

„Selene-aus-Berlin", schreibe ich.

http://www.

Benutzer-Name ist schon vergeben. ⓧ

So ein Mist!
„Phi" ist bestimmt noch frei.

„Phi-Selene“, schreibe ich.

Das ist noch **niemandem** vor dir eingefallen.
Gute Wahl!

Eine Frage noch:
Bist du männlich oder weiblich?

„Weiblich“, schreibe ich.

Okay, viel Spaß im Chat*, liebe Phi-Selene!

Oben links ist eine Sprech-Blase.
„Chat*“ steht da.
Ich klicke die Sprech-Blase an.
Sofort stehen da sehr viele Namen.
Lustiger_Typ_28 zum Beispiel.
Oder *Mega-cool-Sven*.
Oder *sexy-jenny-13*.
Oder *Bären-Herz, Frosch-König, Glücks-Keks, Wasch-Bärchen, Herz-Blatt* und *Hühner-Auge*.
Oder *Läster-Schwester, Knutsch-Kugel, Marmeladen-Herz,*
Nacht-Stern, Mause-Speck und *Pups-Maus*.
Oh Gott, wie peinlich.

Da ist *Phi-Selene* ja total normal.
Mega-cool-Sven schreibt:

Hallo. Neu hier?
Hallooooo! Hörst du mich?
Du, Phi-Selene!

Oh, er meint mich.
Was schreibe ich denn jetzt?
Mir wird ganz heiß und ich bekomme einen roten Kopf.
Das kann *Mega-cool-Sven* zum Glück ja **nicht** sehen.

Hallo.
Ja, bin neu.
Und du?

Ich nicht.
Bin oft hier.
Lust zu chatten*?

Das machen wir doch gerade, oder?

Naja, es geht auch spannender.
Magst du ein Dickpic* von mir haben?

Keine Ahnung.
Was ist das denn?

Irgendwo hatte ich das Wort schon einmal gehört.
„Bing“ macht mein Handy.
Und es öffnet sich ein Bild.
Ein Bild von einem Penis.
Einem Monster-Penis!
Ich weiß **nicht**, ob ich lachen oder weinen soll.
Es ist so peinlich.
Und irgendwie auch eklig!
Ich mache das Handy aus und werfe es auf mein Bett.
Gleich der erste Mensch mit dem ich chatte*
schickt mir ein Penis-Bild.
Wie schlimm ist das denn?

Ich erinnere mich:
Im Deutsch-Unterricht haben wir ein paar Stunden
über das Internet geredet.
Das war bei Herrn Kunze.
Er war ein netter Lehrer.
„Nennt **nie** euren echten Namen.
Sucht euch einen Fantasie-Namen aus.
Im Internet heißt das Nick-Name*.
Schreibt **nichts** von euch in den Nick-Namen*.
Schreibt **nicht** Jenny-13
oder Paula-aus-Neukölln*.
Erfindet einfach einen Namen.
Überlegt genau, was ihr von euch erzählt.
Manche Menschen im Internet sind **nicht** nett.
Manche Menschen wollen sexuelle Dinge von euch.
Holt euch Hilfe, wenn jemand etwas Komisches schreibt.

Oder euch ein Bild schickt.
Zum Beispiel ein Penis-Bild.
Das nennt man Dickpic*.
Das ist verboten!“
Ach ja, jetzt weiß ich wieder, wo ich das schon gehört habe.

Ich mache mein Handy wieder an.
Ich bin noch im Chat* angemeldet
und sofort schreibt mir Pups-Maus:

Heyho, was geht?

Nichts. Hänge so ab.
Und bei **dir**?

Auch **nichts**.
Und sonst so?

Was sonst so?

Pups-Maus verlässt den Chat*.

Ich mache das Handy wieder aus.
Irgendwie habe ich mir das Freunde-Finden leichter vorgestellt.
„Phi!“, ruft meine Mutter.
Es gibt Abend-Essen.
Diesmal muss sie nur einmal nach mir rufen.

Kapitel 5: Tiger-Reto

Die letzte Nacht habe ich wieder
schlecht geschlafen.
Ich habe schlecht geträumt:
Von Chats* mit seltsamen Menschen.
Von Dickpics*.
Und von sprechenden Handys.

Aber ich habe auch von Reto geträumt.
Dem ehrlichen und mutigen Tiger aus dem Film
„Die Insel der Tiger“.
Das war früher mein Lieblings-Film.
Eigentlich ist er das noch immer.
Das würde ich aber **niemals** zugeben!
Reto, der mutige Tiger.
Der lustige kleine Tiger.
Der zu einem großen und starken Tiger wird.
Und Nadia trifft.
Und sich in sie verliebt.
Und mit ihr ein Baby bekommt: Mila.
Reto, der ein ganzes König-Reich hat.
Reto, der König der Tiger-Insel!

Heute ist Sonntag.
Nach dem Frühstück mit meiner Mutter und Sina gehe ich in mein Zimmer.
„Ich muss noch lernen“, rufe ich.
„Ja, und mach **keine** blöden Dinge im Internet. Pass auf, Sophie, hörst du?“, ruft meine Mutter.
„Na klar, wie immer“, rufe ich und schließe die Tür.
Ich setze mich auf mein Bett.
Was mache ich jetzt?
Gibt es heute wieder einen so komischen Chat* wie gestern?

Ich melde mich an.
Sofort kommen die ersten Chats*:

Hallo!

Na, was geht?

Lust auf mehr?

Ich reagiere **nicht** darauf.
Oben auf der Internet-Seite ist eine Lupe.
Sie ist gleich neben der Sprech-Blase.
Mit der Lupe kann man etwas suchen.
Ich schreibe „Tiger-Reto“ in die Lupen-Spalte.
1 Treffer!
Ich bin total aufgeregt!
Und wieder wird mir ganz heiß.
Und ich bekomme einen roten Kopf.
Was mache ich denn jetzt?

Ich klicke auf das Profil-Bild*.
Es ist ein Tiger.
Ein noch junger Tiger.
Also **kein** Tiger-Baby,
eher ein jugendlicher Tiger.
Unter dem Bild steht:

Beschreibe dich!

Ich bin jung, lustig, stark.

Ich sehe gut aus.

Und ich liebe Abenteuer!

Was magst du besonders gerne?

Ich mag Schokoladen-Eis und Kartoffel-Chips.

Ich mag Netflix*-Serien und YouTube*-Katzen-Videos.

Und ich mag Nadia 😉

Was magst du gar **nicht**?

Ich mag **keine** Lügner.

Und ich mag **keine** Angeber.

Und ich mag **keine** anderen Tiger-Männer.

Ich muss auch unbedingt mein Profil schreiben.
Und ich brauche ein gutes Profil-Bild*.
Vielleicht eine kleine Katze?
Im Internet finde ich ein süßes Katzen-Bild.
Ein kleines rotes Kätzchen.
Es spielt mit einem Stoff-Tiger.
Das gefällt mir!
Das nehme ich!
Bei mir steht jetzt auch:

Beschreibe dich!

Ich bin jung und lustig.

Ich bin abenteuer-lustig.

Ich bin hübsch.

Was magst du besonders gerne?

Ich mag Schokolade.

Und Chips.

Und meine Katze.

Was magst du gar **nicht**?

Ich mag **keine** unehrlichen Leute.

Und **keine** Angeber-Typen.

Und **keine** Thunfisch-Pizza.

Es stimmt **nicht** alles, was ich geschrieben habe.
Ich habe **keine** Katze.
Und Thunfisch-Pizza mag ich eigentlich schon.
Und bin ich wirklich hübsch?
Ich schäme mich ein wenig.
Aber ich weiß ja auch **nicht**,
ob Tiger-Reto die Wahrheit über sich sagt.

Kapitel 6: Alex

Es ist viel passiert in der letzten Woche!
Ich habe mich getraut und Alex angeschrieben.
So heißt Tiger-Reto nämlich in echt.
Eigentlich heißt er ja Alexander.
Aber Freunde sagen Alex zu ihm.
Alex ist voll nett!
Wir schreiben uns jeden Tag.

Alex ist natürlich **kein** Tiger.
Sondern Lehrer an einer Musik-Schule.
Er bringt Jugendlichen das Gitarre-Spielen bei.
Und Alex spielt in einer Musik-Band.
Er ist der Sänger und spielt auch Gitarre!
Die Band heißt Nacht-Schicht.
Komischer Name eigentlich.
Sie spielen Musik nach.
Lieder von Mark Fischer.
Oder von Nick Santorius.
Selene-Lieder spielen sie **nicht**.

Alex hat mir Bilder geschickt.
Von sich und seiner Band.
Auch Bilder von einem Konzert.
Da waren viele Menschen im Publikum.

Jeden Tag nach der Schule schreiben wir.
Ich freue mich den ganzen Tag darauf.
Und ich habe wieder richtig gute Laune.
Das ist sogar schon meiner Mutter aufgefallen!
Aber sie weiß natürlich **nichts** von Alex.
Das ist mein Geheimnis.
Alex ist voll toll!

Hallo, Alex – na?

Hallo, Kleines!

Er nennt mich immer Kleines.
Ich mag das.
Bin ja auch **nicht** so groß.
Nur 1 Meter 60.
Alex ist 1 Meter 80.
Er ist schlank.
Er hat leichte Bart-Stoppeln.
Das nennt man, glaube ich, einen Drei-Tage-Bart.
Alex hat braune Haare und leichte Locken.
Er trägt coole Klamotten.
Lässige Jeans, die tief sitzen.
Und gute T-Shirts mit Bildern drauf.

Zum Beispiel mit einem Sonnen-Untergang am Meer.
Oder mit den Häusern von New York.
Oder mit einem süßen Hunde-Welpen.
Alex wohnt in Berlin-Mitte.
In der Nähe vom Alexander-Platz.
Den Alexander-Platz nennt man auch Alex.
Lustig eigentlich.
Alex ist 32 Jahre alt.
Er schreibt mir:

Wie war dein Tag heute?
Hast du die Mathe-Arbeit zurückbekommen?

Mein Tag war kacke.
Die Arbeit habe ich auch zurück.
Eine 5.
Ich verstehe Mathe einfach **nicht**.
Und bei dir?
Ganz okay.

Ich hatte einen Gitarren-Schüler.
Der lernt es **nie**.
Da ist eine Stunde Unterricht
ganz schön lange.

Ich muss kichern.
Ich schreibe:

Lieber Gitarre als Mathe.

Ich finde beides ganz gut.
Ich kann dir Mathe gerne erklären.
Willst du?

Ein anderes Mal.
Lass uns über etwas anderes als Mathe sprechen.

Okay, Phi-Selene:
Worüber möchtest du reden?

Lass uns über Eis-Sorten reden.

Okay. Leg los!

Erdbeere oder Schokolade?

Schokolade.

Nuss oder Vanille?

Nuss.

Schlumpf oder Leber-Wurst?

Was ist denn Schlumpf oder Leber-Wurst?

Schlumpf ist das knall-blaue Eis
und Leber-Wurst ist für Hunde.
Kennst du das **nicht**?
Alex, du bist ganz schön alt!

Bin ich ja auch: 32 🙂

Alex lacht mit einem Smiley*.

Das ist unser Spiel.
Wir spielen es jeden Tag.
Immer abwechselnd, das ist gerecht!

Kapitel 7: Das Spiel

Es ist Montag.
Ich freue mich so auf Alex!
Gestern hatte er **keine** Zeit.
Alex hatte einen Auftritt mit seiner Band.
Er schreibt mir:

Phi-Selene. Magst du über Mathe reden?

Nö, lieber ein anderes Mal.
Lass uns über Farben reden.

Okay, ich fange an.
Rot oder blau?

Rot.

Schwarz oder weiß?

Weiß.

Pink oder grün?

Klar pink.
Und welche ist deine Lieblings-Farbe, Alex?

Alex überlegt.

Ich glaube, rot-weiß.
Wie Pommes rot-weiß 🙂

Am Dienstag habe ich **keine** Hausaufgaben auf.
Dann kann ich gleich mal schauen, ob Alex online ist.
Er ist es!
Ich bin immer so aufgeregt!
Alex schreibt:

Mathe?

Ach, heute mal **nicht**.
Heute mag ich mal über Musik reden.
Welcher Lied-Text gefällt dir besser?
„Ich lauf drauf los, der Weg ist noch weit.
Ich laufe so lange, bis die Sonne wieder scheint!“
Oder ist dieser besser:

*„Wir ziehen durch die Gassen dieser Stadt.
Das ist die Zeit, nur für uns gemacht.“*

Der erste natürlich!
Ist von Tommy Becker.
Den finde ich super!
Der zweite von Elli Schatz.
Die finde ich schrecklich.

Ich muss lachen!
Aber das kann Alex ja **nicht** hören, weil wir uns schreiben.
Deshalb schicke ich viele lachende Smileys.

Komm, einen hab ich noch:
*„Ich bin so alleine in der Nacht.
Du hast mich um meine Liebe gebracht.“*
Oder gefällt dir dieser besser:
*„Komm zu mir und bleib bei mir!
Ich will dir mehr als alles geben hier.“*

Mir gefällt der zweite total gut.
*„Komm zu mir und bleib bei mir!
Ich will dir mehr als alles geben hier.“*
Das ist jetzt mein Satz für dich, Kleines.
Wer singt das?

Das singt auch so eine Schlager-Sängerin.
Aber du hast recht:
Der Lied-Text ist voll schön!

Das ist unser tägliches Spiel.
Wir reden über das Wetter.
Und über Jahres-Zeiten.
Und über Lieblings-Tiere.
Über Bücher.
Über Netflix*-Serien.
Und über Bilder, die uns gut gefallen.
Alex ist so toll!
Es ist so schön, dass er immer Zeit für mich hat.
Und irgendwann darf er mir auch Mathe erklären.
Aber im Moment ist alles andere viel spannender!

Kapitel 8: Kribbeln im Bauch

Heute ist Sonntag.
Draußen regnet es.
Meine Mutter ist mit Sina ins Kino gefahren.
Sie sehen sich den neuen „Die Insel der Tiger"-Film an.
„Willst du mitgehen, Sophie?", fragt mich meine Mutter.
„**Nein**, ich will noch lernen. Für Mathe", sage ich.
Und muss grinsen.
Und meinen Tiger-König treffen, denke ich.

Sie sind weg.
Ich mache es mir auf meinem Bett gemütlich.
Gleich ist es 18 Uhr.
Das ist unsere gemeinsame Zeit jeden Tag.
Außer gestern.
Da konnte Alex **nicht**.
Er hatte wieder abends ein Konzert mit seiner Band.
„Komm doch auch zum Konzert, Phi-Selene", hat Alex gesagt.
„Ich darf das **nicht**.

Es ist doch am Abend
und ich schreibe eine Klassen-Arbeit morgen“,
habe ich gesagt.
Und bin traurig.
„Ich kann unterschreiben, dass ich auf dich
aufpasse.
Du musst nur mit deiner Mutter sprechen.“
Oh je, habe ich gedacht.
Wenn meine Mutter wüsste, dass ich jeden Tag
mit einem Mann schreibe.
Der 32 Jahre alt ist!
Sie würde mir mein Handy wieder wegnehmen!
„Irgendwann komme ich schon auf dein Konzert“,
habe ich gesagt.

Hallo, Kleines!

Da ist er.
Es kribbelt in meinem Bauch.
Jeden Tag kribbelt es ein wenig mehr.
Es fühlt sich gut an.
Wie Schmetterlinge im Bauch.
Nur mein Kopf wird immer noch rot.
Das ist schon doof.
Aber Alex kann das ja **nicht** sehen.
Ich schreibe zurück:

Hallo, Alex!
Wie war dein Konzert?

Das war super!
Tolle Stimmung und viele Leute.
Schade, dass du **nicht** da warst.
Dann wäre es perfekt gewesen.

Ein anderes Mal bestimmt.
Worüber wollen wir heute sprechen?

Eigentlich bin ich ein wenig müde vom Konzert.
Können wir das Spiel heute mal auslassen?
Wie könnten uns doch einfach so unterhalten.
Aber ich bin zu faul zum Schreiben.
Lass uns doch die Kamera anmachen.
Das ist viel einfacher.

Oh Mann!
Alex will mich sehen!
Wir haben noch **nie** die Kamera angemacht.
Klar hab ich ihm schon ein paar Bilder von mir geschickt.
Aber das waren schöne Bilder.
Aus dem Kroatien-Urlaub im letzten Jahr.
Strand-Bilder von mir am schönen Meer.
Jetzt ist das ja live*!
Ich schreibe:

Ich weiß **nicht ...**

Ich bin aufgeregt.
Und unsicher.

Hast du Angst, dass deine Mutter reinkommt?

Nein, sie ist mit Sina ins Kino.
Den neuen „Die Insel der Tiger"-Film anschauen.

Ich muss kichern.

Dann lass es uns doch gemütlich machen.
Komm schon!

Warte.

Also gut.
Ich schaue noch schnell in den Spiegel.
Kurz noch mit der Bürste durch die Haare.
Ein wenig Lippen-Stift.
Okay, geht so.
Ich schalte die Kamera an.
Alex sitzt auf seinem Bett.
Es ist ein sehr großes Bett!
Ich kann nur einen Teil vom Bett sehen.
Alex lehnt sich am Kopf-Teil vom Bett an
und lächelt in die Kamera.
Er sagt:

Das ist doch viel einfacher als schreiben.

Die Schmetterlinge in meinem Bauch
fliegen aufgeregt hin und her.
Er sieht so gut aus!
Er hat eine kurze Hose an und ein rotes T-Shirt.
Ich frage Alex:

Und jetzt?

Schreiben ist irgendwie einfacher.
Alex lacht:

Wir unterhalten uns einfach!

Worüber denn?

Mir fällt gar **nichts** ein.
Es ist mir so peinlich!
Bestimmt findet Alex mich voll langweilig!

Wie war es in der Schule heute, Kleines?

Heute ist Sonntag, Alex.
Da ist **keine** Schule.

Ich muss kichern.

Ach, stimmt ja.
Wie war es gestern in der Schule, Kleines?

Gestern war Samstag.
Da war auch **keine** Schule.

Ach, stimmt ja.
Okay, wir machen Farben raten.
Ich stelle dir eine Farben-Frage.
Und du musst die Wahrheit sagen, okay?

Na klar!
Leg los!

Welche Farbe haben deine Haus-Schuhe?
Weiß?

Schwarz.

Zeig mal her.
Ich will Beweise!

Ich halte einen Haus-Schuh vor die Kamera.

Okay, jetzt bin ich dran.
Welche Farben haben deine Socken?
Braun?

Blau.

Alex hält einen Fuß in die Kamera.
Er hat echt Socken im Bett an.
Und kurze Hosen!
Ich muss laut lachen.

Was ist denn da so witzig?
Welche Farbe hat dein Slip?
Ich wette, rosa.

Ich muss nachschauen.

Nein, weiß.

Beweise!
Ich will Beweise sehen.

Soll ich mich jetzt etwa ausziehen?

Ich grinse ein bisschen bei der Frage.

Das geht natürlich auch.
Du kannst aber auch einfach
die Kamera etwas nach unten halten.
Dann sehe ich ja deinen Slip.

Stimmt.
Ich schaue an mir herunter.
Ziehe meinen Slip ein bisschen hoch, sodass er über meine Jeans rausguckt.
Und dann halte ich die Kamera nach unten.
Komisch ist das schon.
Mir wird ganz heiß.

Ein wenig rosa sehe ich da aber schon.
Sind da kleine rosa Blümchen drauf?

Welche Farbe hat dein Slip?
Ich wette, schwarz.

Das sage ich ziemlich schnell.
Die kleinen rosa Blümchen sind mir etwas peinlich.
Und das mit der Kamera ist mir noch viel peinlicher!

Warte.

Alex steht vom Bett auf.
Er knöpft sich die Hose auf
und zieht sie runter.

Du hast gewonnen.
Schwarz.
Willst du mehr sehen?

Nein!
Bitte **nicht**.

Schade.
Aber jetzt bin ich wieder dran:
Welche Farbe hat dein BH?
Pink vielleicht?

Ich muss wieder lachen.
Das Spiel ist mir ein wenig peinlich.
Aber aufregend ist es auch!

Ich habe **keinen** BH an.

Beweise!

Ich kann mich doch jetzt **nicht** ausziehen!

Mir wird heiß.
Und dann wieder kalt.
Das ist so aufregend!

Warum denn **nicht**?
Probier es doch einfach mal aus!

Okay, ich probier es mal.
Ich ziehe mein T-Shirt hoch.
Oh je, was mache ich denn da?
Machen andere das denn auch?

Du bist so wunder-schön, Phi-Selene.
Ich träume ganz oft von dir.

Ich lasse mein T-Shirt wieder runter.
Ich merke, dass mein Kopf ganz rot ist.

Ich muss Schluss machen.
Meine Mutter kommt!
Tschüss, bis morgen.

Ich schalte mein Handy aus.

Es stimmt gar **nicht**.
Meine Mutter kommt noch **nicht** nach Hause.
Aber ich weiß gerade **nicht**, was ich Alex sagen soll.
Das war heute ganz anders als die letzten Tage!
Da war es schön und nett

und er war lieb und freundlich.
Und heute war es irgendwie so …
So …
Sexuell!
Es hat sich schon auch gut angefühlt.
Manches.
Aber **nicht** alles!
Und habe ich ihm wirklich meine Brüste gezeigt?

Kapitel 9: Ein schlechtes Gefühl

Es ist 18 Uhr.
Ich muss unbedingt mit Alex über gestern reden.
Es hat sich so falsch angefühlt.
Ich habe Dinge gemacht, die ich **nicht** wollte.
Und es ist mir so peinlich.
In der Nacht habe ich sehr schlecht geschlafen.
Ich muss unbedingt mit Alex reden!
Ich schalte das Handy ein und gehe in den Chat*.
Alex ist schon da.
Ich schreibe:

Hallo, Großer.

Hallo, Kleines.
Wie war dein Tag?

Ganz okay.
Du, Alex?
Können wir über gestern reden?

Was war gestern denn?
Worüber willst du reden?

Ich wollte das eigentlich gar **nicht**.
Dir meine Brüste zeigen.
Aber du wolltest es.
Und dann hab ich es gemacht.
Obwohl ich es **nicht** wollte!

Spinnst du jetzt?

Alex klingt sauer.

Ich hab dich doch **nicht** gezwungen,
mir deine Brüste zu zeigen.
Das hast du selbst gemacht.
Aber es sind sehr schöne Brüste.
Du kannst sie ruhig öfter zeigen.
Ich habe mal ein Bildschirm-Foto gemacht.
Willst du es sehen?

Was hast du gemacht?
Ein Foto von meinen Brüsten?
Lösch das!
Bitte, Alex!
Ich will das **nicht**!

Gleich muss ich heulen.

Pass mal auf, Sophie.
In deinem Alter machen andere Jugendliche noch ganz andere Dinge.
Und das ist mir jetzt zu blöd hier.
Tschüss!

Und weg ist Alex.

Ich starre auf das Handy.
Das wollte ich jetzt auch **nicht**!
Was mach ich bloß?
Mir steigt ein Kloß im Hals auf.
Mir ist ganz übel.
Ich lege mich auf mein Bett und heule in mein Kissen.

Sina kommt rein.
„Was ist los, Phi?
Warum weinst du denn?
Bist du traurig?
Tut dir etwas weh?"
Sina klingt ehrlich besorgt.
„Hau ab, Sina!", brülle ich.
Und fühle mich dabei noch schlechter.
Sina rennt aus meinem Zimmer.
„Mama, Mama, komm schnell.
Phi weint!"

Jetzt kommt auch noch meine Mutter rein.
„Lasst mich doch endlich in Ruhe!!!
Es ist alles okay!
Geht einfach raus.“
„Komm Sina, wir gehen.
Aber wenn du ein Problem hast, Sophie,
dann sprich mit mir bitte darüber.“

Kapitel 10: Bauch-Schmerzen

Pünktlich um 18 Uhr sitze ich mit dem Handy auf meinem Bett.
Kein Alex.
Ich warte und warte.
Kein Alex.
Ich glaube, er ist sauer.
Sauer, traurig und enttäuscht.
Und er hat ja recht!
Das war doch gar **nicht** schlimm!
Das eine Foto!
Und vielleicht habe ich ja wirklich schöne Brüste?
Ich bin ja auch **kein** Kind mehr.
Und er ist ein Mann.
Ein super schöner Mann!
Ein toller Mann!
Ein Mann, der bestimmt viele Freundinnen haben kann.
Und der doch lieber seine Zeit mit mir verbringt.
Und der mich schön findet!

Aber jetzt mag er vielleicht **nicht** mehr mit mir reden.
Weil ich so zickig war!
Ich bin selbst schuld daran!

18 Uhr 20.
Immer noch **kein** Alex.
Ich habe Bauch-Schmerzen.
Mir ist übel.
Ich muss weinen.

ALEX!
Wo bist du?
Schreib mir doch!
Sprich mit mir!

Aber das Handy bleibt still.

Kapitel 11: Wo ist Alex?

18 Uhr.
Ich sitze auf meinem Bett.
Gestern habe ich viel geweint.
Alex ist **nicht** mehr in den Chat* gekommen.
Ich habe bis 20 Uhr gewartet.
Und ich habe ihm viele persönliche Nachrichten* geschrieben.

18 Uhr 30: Alex. Melde dich bitte.

18 Uhr 45: Alex. Schreib mir doch bitte.

18 Uhr 55: Alex. Wenn du das liest, dann melde dich!

19 Uhr 05: Alex.

19 Uhr 32: Alex? Was ist denn los mit dir?

19 Uhr 56: Alex! Es tut mir so leid!
Bitte, ich entschuldige mich.
Das war voll kindisch von mir!
Bitte, bitte, bitte melde dich!
Ich vermisse dich!
Ich brauche dich!
Bitte, Alex!

Aber Alex hat sich gestern **nicht** mehr gemeldet.

Jetzt ist es 18 Uhr 10.
Ich traue mich **nicht**, mein Handy anzumachen.
Soll er doch auf mich warten, denke ich trotzig.
Aber ich schaffe es nur fünf Minuten:
Um 18 Uhr 15 mache ich mein Handy an.

Hallo, Kleines!

Er ist wieder da!
Mein Herz schlägt sehr schnell
und ich bin aufgeregt.

Hallo, Großer.
Es tut mir leid wegen gestern.
Bist du noch böse auf mich?

Nein, Quatsch.
Du hast ja selbst gesagt, dass es kindisch von dir war.

Vergessen wir es einfach!
Wie war dein Tag, Phi-Selene?

Ging so.
Wir haben einen Mathe-Test geschrieben.
Ich habe wieder eine 5.

Willst du über Mathe sprechen?

Ich muss lachen.

Nein, **nicht** heute bitte.
Wie war dein Tag?

Ging so.
Ich war etwas traurig heute.

Aber warum denn?

Naja, wegen uns.
Vielleicht ist das mit uns doch **keine** so gute Idee.
Du bist einfach noch so jung.

Das stimmt doch gar **nicht!**
Ich bin doch schon fast erwachsen.

Nein, Phi-Selene, das bist du **nicht**.
Du bist noch ein kleines Mädchen,
das **nicht** viel Ahnung hat.
Vielleicht sollten wir lieber
Schluss miteinander machen.

Mir steigen die Tränen in die Augen.

Nein, Alex!
Tu mir das **nicht** an!
Bitte, Alex!
Du bist mir so wichtig!
Bitte **nicht**!

Wir sprechen morgen weiter.
Jetzt muss ich gehen.
Tschüss, Phi.

Und weg ist er.
Und zurück bleibe ich.
Die Tränen laufen mir über das Gesicht.
Ich fühle mich so schlecht.
Ich fühle mich so leer.
Ich fühle mich wieder so unsichtbar!
Mit Alex habe ich mich immer so gut gefühlt!

Zum ersten Mal war ich jemandem wichtig!
(Naja, außer meiner Mutter natürlich.)
Zum ersten Mal hat mir jemand zugehört.
Und mich gefragt, wie mein Tag war.
Und sich für mich interessiert.
Und mir gesagt, dass ich hübsch bin.
Und Zeit mit mir verbracht.
Und das soll jetzt alles vorbei sein?
Nein!
Das kann ich **nicht** zulassen!

Kapitel 12: Das fühlt sich nicht gut an

Ich sitze auf meinem Bett.
Es ist 17 Uhr 50.
Noch 10 Minuten!
Was ziehe ich für Alex an?
Ich entscheide mich für ein Mini-Kleid.
Weiß mit kleinen roten Punkten darauf.
Rot-weiß, wie Alex' Lieblings-Farben.
Meiner Mutter gefällt das Kleid **nicht**.
Es ist viel zu kurz, sagt sie.
Viel, viel zu kurz, sagt sie.
Ich finde es schön.
Ich finde mich sexy in dem Kleid.
Ich hoffe, es gefällt Alex auch.

18 Uhr.

Hallo, Alex!

Hallo, Phi!

Wollen wir einfach sprechen?
Mit eingeschalteter Kamera?

Okay.

Ich schalte die Kamera ein.
Ich kann ihn sehen.
Er sitzt auf einem Sessel in seinem Wohn-Zimmer.

Hübsches Kleid hast du da.
Ist das **nicht** ein wenig zu kurz für dich?
Zu sexy?

Nein!
Ich bin schließlich **kein** Kind mehr!

Da bin ich mir **nicht** so sicher.
Beweise es mir:
Zieh dein Kleid aus.
Ich will dich nackt sehen.
Wenn du wirklich erwachsen sein willst.

Ich denke **nicht** mehr nach.

Ich stehe auf.
Und ziehe mein Kleid über meinen Kopf.
Nackt stehe ich da.
Nur noch einen Slip habe ich an.
Alex drückt auf eine Taste.

Was machst du da?

Fotos. Siehst du doch.
Zieh deinen Slip aus.

Nein, Alex.
Das geht mir zu weit.
Das will ich **nicht**.

Siehst du:
Du bist doch nur ein kleines Mädchen.

Bin ich **nicht!**

Meine Stimme zittert.

Dann beweise es mir.
Los, beweg dich.
Tanz für mich.
Und zieh endlich deinen Slip aus.

Ich schlinge meine Arme um mich.

Tränen steigen mir in die Augen.
Das fühlt sich alles **nicht** gut an!
Das fühlt sich alles **nicht** richtig an.
Warum tut Alex das?
So etwas macht ein Freund doch **nicht**!
Er merkt doch, dass ich das **nicht** möchte.

Ich werfe das Handy auf mein Bett.
Mir ist übel.
Ich schäme mich so.
Warum ist es so weit gekommen?
Ich will das **nicht**!

Ich will mit Alex Farben raten.
Oder über Eis-Sorten reden.
Oder über Netflix*-Serien.
Oder über Schlager-Texte.
Klar habe ich mich in Alex verliebt!
Das ist ein schönes Gefühl.
Eben wie Schmetterlinge im Bauch zu haben!
Beim Einschlafen an ihn zu denken.
Und beim Aufwachen auch wieder an ihn zu denken.
Und dazwischen von ihm zu träumen.

Doch das andere fühlt sich **nicht** gut an.
Gar **nicht** gut!
Alex soll **keine** Nackt-Fotos von mir machen.
Und ich will auch **keine** Nackt-Fotos bekommen!
Aber ist es jetzt **nicht** schon zu spät?
Was soll ich denn nur machen?
Ich weine in mein Kissen, bis es ganz nass ist.

Meine Mutter ruft mich zum Essen.
Ich höre sie, aber ich kann **nicht** aufstehen.
Mir ist so übel.
Und ich habe Angst!
Angst davor, was schon passiert ist.
Und Angst, wie es weitergeht.
Ich bin doch schuld!
Ich habe Alex doch angeschrieben!
Ich wollte doch seine Freundin sein!
Und es hat mir doch auch gefallen!

Alex.
Das Reden mit ihm.
Die schönen Dinge, die er über mich gesagt hat.
Die lustigen Dinge, über die wir gelacht haben.
Die Schmetterlinge in meinem Bauch!
Zum ersten Mal verliebt zu sein!

Meine Mutter kommt ins Zimmer.
„Phi, meine Güte, was ist denn los?
Warum weinst du denn?
Was ist passiert?"
Meine Mutter setzt sich zu mir auf das Bett.
Sie nimmt mein Gesicht in ihre warmen Hände.
Wie früher, als ich noch klein war.
Das hat sie immer gemacht, wenn ich schlecht geträumt habe.
Und aufgewacht bin und geweint habe.
„Phi, meine Süße, was ist denn passiert?"

Ich muss noch mehr weinen.
Ganz laut schluchze ich.

„Alex!“
„Ich ...“
„Ich wollte ...“
Meine Stimme wird ganz heiser.
„Mama, ich wollte das **nicht**.
Aber ich bin doch schuld!
Ich habe Alex angeschrieben!
Aber jetzt weiß ich **nicht**, was ich machen soll!“
Meine Mama nimmt mich ganz fest in die Arme.
„Alles wird gut, mein Kind.
Jetzt beruhige dich.
Ich koche uns erstmal einen Kakao.
Und dann erzählst du mir alles von Anfang an.“
Ich schniefe in ein Taschen-Tuch.
Langsam werde ich ruhiger.

Meine Mama kommt mit zwei Tassen heißem Kakao zurück.
Wir sitzen nebeneinander auf meinem Bett.
Plötzlich vibriert mein Handy!
Jemand ruft mich an.
„Wer ist das?“, fragt meine Mama.
„Geh doch mal ran.“
Ich wische auf dem Handy herum.
Alex’ Bild erscheint.
Alex ruft an!
„Ich kann **nicht** mit ihm sprechen.
Ich will auch **nie** wieder mit ihm sprechen!“
Mama nimmt mein Handy und macht es aus.
„Jetzt sprechen wir beide erstmal miteinander.
Was ist passiert, Phi?
Wer ist Alex?

Und was hat er mit dir gemacht?"

Und ich fange mit dem Erzählen an.
Ich erzähle meiner Mama alles.
Wirklich alles!
Auch die Sache mit dem Nackt-Foto.
Meine Mama hört mir zu.
Sie sagt **nichts**.
Sie hört mir einfach zu.
Und hat mich dabei ganz fest im Arm.
Draußen wird es langsam dunkel.

Kapitel 13: Vier Wochen später:

Ich habe meiner Mama alles erzählt.
Sie hat gar **nicht** mit mir geschimpft.
Sie hat gesagt:
„Es ist sehr gut, dass du es mir erzählt hast.
Und es ist **nicht** deine Schuld!
Alex ist ein erwachsener Mann.
Und du bist viel jünger als er.
Sehr viel jünger.
Das weiß Alex auch!
Es ist verboten, was Alex mit dir gemacht hat.
Du musst **nichts** machen, was du **nicht** willst!
Du darfst auch **nein** sagen, wenn dir etwas **nicht** gefällt!
Erst macht er dir Komplimente und dann macht er dir Angst.
So etwas geht gar **nicht**!
Alex soll sich eine Frau in seinem Alter suchen!
Alex hat es ausgenutzt, dass du dich in ihn verliebt hast.
Und du hast **keine** Schuld.

An *gar* **nichts**!“

Wir sind zusammen zur Polizei gegangen.
Es war mir sehr peinlich!
Aber die Polizistin war sehr nett.
Sie hat viele Fragen gestellt.
Wie ich Alex kennengelernt habe.
Wann er angefangen hat, komische Dinge von mir zu wollen.
Die Polizistin wollte auch mein Handy sehen.
Sie hat genau gelesen, was wir uns geschrieben haben.
„Du hast **keine** Schuld, Sophie.
Ein erwachsener Mann darf das **nicht** machen.
Das ist verboten und wird bestraft.
Am besten macht man Bildschirm-Fotos,
wenn so etwas passiert.
Die Text-Nachrichten sind auch gute Beweise.“
„Bekommt Alex jetzt denn eine Strafe?“, frage ich.
„Das müssen wir bei der Polizei erst noch prüfen.
Aber es war gut und richtig,dass du mit deiner Mama zur Polizei gegangen bist.“

Ich bin im Internet jetzt viel vorsichtiger.
Meistens schreibe ich jetzt mit Freunden, die ich in echt kenne.
Zum Beispiel mit meinen neuen Freunden
aus der Jugend-Feuerwehr.

Von Alex habe ich **nie** wieder etwas gehört.

Wörter-Buch

Im Buch ist manchmal ein* hinter einem Wort.
Es bedeutet: Das Wort ist schwierig.
Deshalb wird es im Wörter-Buch nochmal erklärt.

***Alb-Träume:**
Alb-Träume sind schlimme Träume.

***Apps:**
Eine App (gesprochen: Äpp) ist ein Computer-Programm.

***Chat:**
Ein Chat ist eine Unterhaltung im Internet.

***Chatten:**
Chatten (gesprochen: tschätten) bedeutet „unterhalten".
Beim Chatten unterhält man sich mit anderen Menschen im Internet.
Zum Beispiel bei WhatsApp.

***Cybergrooming:**
Cybergrooming heißt: Jemand fragt dich sexuelle Dinge im Internet.
Oder jemand schickt dir ein Nackt-Bild.
Oder jemand möchte ein Nackt-Bild von dir.
Cybergrooming ist verboten!

***Dickpic:**
Ein Dickpic ist ein anderes Wort für ein Penis-Bild.
Manche Männer verschicken (ungefragt) ein Penis-Bild an andere Menschen im Internet.
Das ist verboten!

***Forum:**
Ein Forum ist ein digitaler Raum im Internet.
Hier triffst du Menschen und kannst mit ihnen über verschiedene Dinge sprechen.

***Games:**
Games ist das englische Wort für Spiele.

***Kita:**
Kita ist die Abkürzung für Kinder-Tages-Stätte.
In eine Kita können Kinder nach dem Kindergarten oder nach der Schule gehen.
Zum Beispiel, wenn die Eltern arbeiten.

***Live:**
Live (gesprochen: laif) bedeutet „jetzt gerade".

***Netflix:**
Mit Netflix kannst du Filme über das Internet anschauen.
Das nennt man auch streamen (gesprochen: striemen).
Für die Filme musst du Geld bezahlen.

***Neukölln:**
Neukölln ist ein Stadt-Teil von der Stadt Berlin.

***Nick-Name:**
Ein Nick-Name (gesprochen: Nick-Näm) ist ein Name für das Internet.
Du kannst dir zum Beispiel in einem Forum einen Namen ausdenken.
Wichtig: Schreibe **nichts** Persönliches über dich in deinen Nick-Namen.
Schlecht ist zum Beispiel: Jenny-2009-Neukölln.

***Persönliche Nachrichten (PN):**
In einem Chat kannst du jemandem eine persönliche Nachricht schicken.
Du kannst auch eine persönliche Nachricht bekommen.
Andere Menschen können diese persönliche Nachricht **nicht** lesen.

***Prenzlauer Berg:**
Der Prenzlauer-Berg ist ein Stadt-Teil von der Stadt Berlin.

***Profil-Bild:**
In einem Forum oder einem Chat kannst du ein Profil-Bild von dir oder etwas anderem hochladen.
Jeder kann dein Bild sehen.
Manche finden es vielleicht hübsch.
Manche finden es vielleicht aber auch hässlich.
Überlege dir genau, was du von dir zeigst.
Du kannst auch ein anderes Bild nehmen, das dir gefällt.
Zum Beispiel von einem schönen Baum.

Oder einer Blume, einem Tier oder einem Sonnen-Untergang.
Du musst kein Bild nehmen, auf dem du zu sehen bist.

***Smileys:**
Smileys sind Zeichen, die du in einen Chat schreiben kannst.
Zum Beispiel ein lachendes oder ein weinendes Gesicht.

***SMS:**
Eine SMS ist eine englische Abkürzung.
„Short Message Service“ heißt auf Deutsch „Kurz-Nachricht“.

***WhatsApp:**
WhatsApp (gesprochen: Wotsäpp) ist ein Programm für das Handy.
Mit WhatsApp kann man Nachrichten, Bilder und Videos verschicken.

***YouTube:**
YouTube (gesprochen: Jutjub) ist eine Internet-Seite.
Auf der Internet-Seite gibt es viele Videos.

***Zocken:**
Zocken ist ein anderes Wort für spielen.
Zum Beispiel ein Computer-Spiel spielen.

Du hast im Internet jemanden kennengelernt?

Manche Menschen im Internet sind nett.
Und manche sind nicht so nett.
Daran erkennst du, dass dein Chat-Partner ein falscher Freund ist:

- Er sagt dir viele schöne Dinge.
- Zum Beispiel über dein Aussehen oder deine Figur.
- Oder auch über deine tollen Klamotten.
- Er will, dass du die Kamera anmachst.
- Er fragt dich: Bist du alleine?
- Er will wissen, wo du wohnst.
  Oder wo du zur Schule gehst.
  Aber über sich will er wenig erzählen.
- Er sagt, dass ihr euch kennt, sei euer Geheimnis
  Du sollst mit niemandem darüber reden.
- Er macht dir vielleicht Geschenke.
- Er will vielleicht Nackt-Fotos von dir.
  Oder er schickt dir ein Dickpic*.
- Es ist ihm egal, wenn du „**Nein**“ sagst.
- Vielleicht droht er dir, deinen Eltern etwas zu sagen.
  Oder damit, dein Foto weiter zu schicken.
  Zum Beispiel an deine Freunde.
- Vielleicht will er dich alleine irgendwo treffen.

Kommt dir das alles bekannt vor?
Macht dein Chat-Partner das auch so?
Dann solltest du mit einem Erwachsenen darüber reden.

Vertraue auf dein Gefühl!
Wenn du etwas **nicht** willst, musst du es auch **nicht** tun.

(Angelehnt an: www.juuuport.de)

Wo bekommst du Hilfe?

Ist dir so etwas wie Phi im Buch auch schon passiert?
Oder vielleicht etwas anderes Schlimmes?

Es gibt viele Menschen, die dir helfen können:

- Du kannst mit deinen Eltern reden.
  Oder einer Lehrerin oder einem Lehrer.
  Oder einer Betreuerin oder einem Betreuer.
- Du kannst mit einer Freundin oder einem Freund reden.
- Es gibt ein Hilfe-Telefon bei sexueller Gewalt.
  Die Nummer ist: 0800 2255 530
  Die Internet-Seite ist:
  www.hilfe-portal-missbrauch.de
  Du musst deinen Namen **nicht** sagen.
  Das nennt man „anonym“.
- Es gibt auch die Nummer gegen Kummer.
  Die Nummer ist: 116 111
  Du willst lieber schreiben?
  Dann kannst du hier mit jemanden chatten* und von deinen Sorgen erzählen:
  www.nummergegenkummer.de
- Bei Juuuport beraten Jugendliche andere Jugendliche: www.juuuport.de/beratung

  Zum Beispiel, wenn du Opfer von Cybergrooming* geworden bist.
  Die Beratung geht über die Internet-Seite.
  Oder über WhatsApp*.

- Die Polizei kann dir auch helfen:
  www.polizeifürdich.de
  Oder du gehst zum nächsten Polizei-Revier.
- Der Verein „Innocence in Danger" berät dich auch:
  Die Nummer ist: 030 330075 49
  Die Internet-Seite ist: info@innocenceindanger.de
- Wenn du ein Dickpic* bekommst, kannst du das hier anzeigen: www.dickstinction.com

Vielleicht hast du einen Freund oder eine Freundin, der oder die auch so etwas wie Phi erlebt hat?
Dann könnt ihr gemeinsam mit einem Erwachsenen reden. Und euch diese Tipps anschauen.

Internet-Vertrag zwischen

(Name des Kindes/ Jugendlichen)

und

(Name der Eltern/Betreuer*innen)

An welchen Tagen darf ich ins Internet?

Wie lange darf ich ins Internet?

Welche Seiten, Spiele und Chat-Räume darf ich besuchen?

Das ist wichtig!

☐ Ich gebe **niemandem** im Internet meinen Namen oder meine Adresse.

☐ Auch **nicht**, wenn er sagt, er ist mein Freund.

☐ Wenn mir etwas Angst macht oder mir etwas komisch vorkommt, mache ich den Bild-Schirm aus.

☐ Ich spreche mit meinen Eltern/Betreuer*innen darüber.

☐ Wenn mich jemand treffen will, den ich nicht in echt kenne, sage ich es meinen Eltern.

☐ Ich gehe **auf gar keinen Fall** zum Treffen!

Ich möchte von meinen Eltern/ Betreuer*innen:

☐ Meine Eltern/Betreuer*innen suchen **nicht** heimlich nach Informationen über mich oder meine Freunde. Wenn sie etwas wissen wollen, fragen sie mich.

☐ Meine Eltern/Betreuer*innen stellen **keine** Bilder von mir ins Internet, ohne mich vorher um Erlaubnis zu fragen.

☐ Meine Eltern/Betreuer*innen und ich sprechen miteinander. Wir sind ehrlich zueinander und helfen uns gegenseitig.

Datum und Unterschrift Kind/Jugendlicher

Datum und Unterschrift Eltern/Betreuer*innen

Hinweis für Eltern und Fachpersonen

Das Online-Material zum Buch besteht aus:

- einem Internet-Vertrag, den Sie zwischen sich und den Jugendlichen abschließen können,
- Fragen zur Geschichte, die Sie gemeinsam mit den Jugendlichen besprechen können und
- Hintergrundinformationen für Sie zum Phänomen Cybergrooming.

Das Online-Material können Sie auf der Homepage des Ernst Reinhardt Verlags unter https://www.reinhardt-verlag.de herunterladen. Auf der Homepage geben Sie den Buchtitel oder die ISBN in der Suchleiste ein. Hier finden Sie das passwortgeschützte Online-Material unter den Produktanhängen.

Das Passwort zum Öffnen der Dateien lautet:
ins_N3tz_g3gang3n
Bitte geben Sie das Passwort nicht weiter!

Notizen

Notizen